Las tapas,

son un símbolo de la comida como elemento de relación social. Contribuyen a la sensación de compartir y estimulan la charla y el intercambio de opiniones y además son una estupenda muestra de la riqueza de la cocina de nuestro país.

Aquí encontrará una selección de deliciosas recetas para su placer y el de los suyos.

Recetas, cocina y estilismo:
Itos Vázquez
Fotos en color:
Fernando Ramajo

EDITORIAL EVEREST, S. A.

Madrid • León • Barcelona • Sevilla • Granada • Valencia
Zaragoza • Las Palmas de Gran Canaria • La Coruña
Palma de Mallorca • Alicante • México • Lisboa

ÍNDICE

INTRODUCCIÓN

Tapas

Las tapas representan una de las formas de preparación de la comida, servida en pequeñas raciones, más características de la cocina española.

El origen de su nombre parece estar en las ventas de Andalucía, como acompañantes de los vinos finos y olorosos y según se cuenta, se trataba de finas tajadas de chacina que se colocaban sobre la copa para evitar que el aroma del vino se disipara por la evaporación debida a las temperaturas de la zona.

Otros comentaristas opinan que la costumbre podría deberse a la necesidad de evitar que algún insecto indiscreto se asomase al borde de la copa y embriagado por los aromas del vino cayese a él.

En realidad, lo que de veras importa, es el desarrollo que ha tomado esta forma de comer, lo que significa como elemento de acercamiento entre las personas y su importante papel como alternativa al *fast food* basado en productos industriales y de dudoso valor alimenticio según las normas de nutrición que actualmente se consideran como adecuadas.

La riqueza de la cocina española está representada de manera absoluta en las diferentes tapas que se consumen en la diversidad de su geografía. Lo normal es que en los bares, tascas o ventas, se sirvan tapas preparadas con los productos más característicos de la zona, aunque hay algunas que están tan extendidas que son ya patrimonio de todos los pueblos de nuestro país.

Nos referimos por ejemplo a la tortilla de patatas, la ensaladilla rusa, los boquerones en vinagre o las croquetas.

Hay zonas en nuestro país en las que las tapas tienen una mayor diversidad y alcanzan una mayor importancia, en ellas, la tradición de salir a tomar algo está más extendida y en sus pueblos y ciudades se pueden encontrar áreas en las que la concentración de locales dedicados a la preparación de exquisitos bocados, es única en cuanto a su densidad.

Así por ejemplo en «El viejo» de San Sebastian, se degustan los deliciosos *pintxos*, cuya elaboración despierta la competencia entre los diversos bares de la zona y es objeto de un concurso anual en el que la

los vinos andaluces se protegían de esta forma, dando así origen a la «tapa» tal y como la conocemos en la actualidad.

imaginación a la hora de preparar los platos y el conocimiento de las combinaciones entre los más diversos ingredientes compiten para conseguir creaciones cada año más exquisitas y con una mayor belleza en su presentación.
En Zaragoza, la mayor concentración se produce en la zona denominada «El Tubo» en donde locales y foráneos, degustan infinidad de tapas de cocina, desde los típicos «espárragos montañeses» (en realidad, colas de cordero), hasta unas deliciosas magras con tomate.
En Madrid: en la zona de Sol y sus aledaños, en Sevilla: en Los Remedios, Santa Cruz y Reina Mercedes, en Bilbao el «poteo» se centra en El Ensanche y en Barcelona en La Barceloneta.
En fin, en cada ciudad encontraremos diferentes tapas y diferentes áreas en donde disfrutarlas, pero en todas podremos ver el interés que se ha despertado por este tipo de comida.
No hemos entrado en este libro, en aquellas tapas, que no requieren de una preparación especial, nos referimos a los embutidos, salazones, encurtidos y como no, a los mariscos, que con una simple (pero exacta) cocción, son también parte integrante del mundo del tapeo.
Igualmente sucede con los fritos que, sobre todo en Andalucía, son una parte importante de la cocina de las tapas.
A pesar de lo anteriormente comentado, en los últimos años, se notaba la disminución de los locales de tapeo en las grandes urbes, sobre todo en Madrid y Barcelona, posiblemente por el acelerado estilo de vida que impedía dedicar un rato

Los fritos, en toda su extensión y servidos en pequeñas raciones, también son cosiderados como tapas.

a tan agradable ocupación como es la descrita. Sin embargo se nota un resurgir, alentado por las nuevas generaciones y por otro lado se comienza nuevamente a consumir las tapas en casa. Es decir, se intenta huir de las cenas formales y se busca más el departir amigablemente alrededor de cinco, seis o siete platillos en los que se pueden degustar pequeñas muestras de nuestra habilidad culinaria. Por eso ahora podemos oir lo de «venid mañana a casa, picaremos algo», lo que nos indica que el carácter de la pitanza que nos aguarda.

En colaboración con este movimiento, y en confrontación total con el consumo de pizzas, hamburguesas, *hot-dogs* y similares «espantos», hemos querido preparar este pequeño compendio de ideas, para que pueda sorprender agradablemente a familiares y amigos y para que con un mínimo gasto aceptable, pueda preparar unas tapas extraordinarias, dignas de la tasca, bar o venta más famosa del entorno.
Estamos seguros que con ese libro contribuiremos a su disfrute y al de los suyos.

Bebidas

En la práctica del tapeo, es imprescindible tener en cuenta las bebidas que acompañan a los diversos manjares.
Dependiendo de las regiones y de la época del año, es diferente el contenido del vaso o de la copa que inevitablemente, se encuentra compartiendo lugar en la barra junto a la tapa.
Decididamente, no recomendamos ninguno de los refrescos carbónicos tan habituales hoy en día. Su sabor dulzón hará desaparecer los profundos y

Los mariscos siempre han sido uno de los bocados más apreciados a la hora del aperitivo.

A lo largo de toda la geografía española, las barras de los bares muestran un amplio y variado muestrario de tapas.

deliciosos sabores de las delicias culinarias.
El rey de las bebidas que acompañan a las tapas es sin duda alguna, el vino. Tanto el tinto como el blanco y el rosado, son los acompañantes perfectos que complementan y acentúan el placer del consumo de estos deliciosos platillos.
Los vinos, suelen ser los de la región y generalmente se utilizan vinos jóvenes, del año o como mucho con algo de crianza. La razón principal es su precio, que no debe ser alto para que la cuenta final no sea excesiva. Las cantidades que se consumen suelen ser proporcionales a la comida que se toma, y tomar una o dos copas por cada tapa es evidente que contribuye a que no se produzcan excesos etílicos.
En general, los vinos se suelen consumir frescos, incluso los tintos, ya que esa temperatura es adecuada para los vinos jóvenes. En zonas muy frías se puede obviar este concepto.
Por supuesto que lo anteriormente dicho no está reñido con el consumo de vinos de mayor nivel, reservas o incluso grandes reservas, pero eso es aconsejable hacerlo cuando disfrutemos de las tapas en casa, pues los precios de estos vinos se multiplican por 3 o 4 al disfrutarlos en locales públicos.
En Andalucía es más frecuente el consumo de vino fino y en algunos casos (los menos), el oloroso. Puede ser de la zona de Jerez, de la de Moriles, o de otros lugares de la región.
Su mayor graduación, hace que su consumo deba moderarse.
Generalmente estos vino se toman fríos, sobre todo los finos y manzanillas. Para beber estos vinos, se utilizan

catavinos, típicas copas que permiten apreciar al máximo sus características de aroma y sabor.
El otro complemento a las tapas como bebida universal, es la cerveza.
A lo largo y a lo ancho de toda la geografía española, el consumo de la rubia bebida, es tan importante como el del vino.
Bien sea cerveza de barril, en lata o en botella, una cerveza bien fría, acompañada de unas tapas, es un espectáculo habitual en cualquier bar de nuestros pueblos y ciudades. La tradicional «caña» con un contenido de al rededor de un quinto de litro, es la forma más habitual de consumo.
También se consume en jarras de loza, los llamados «barros», con capacidad para un tercio o medio litro de cerveza.
Por otra parte, las cervezas negras, no han tenido tanta implantación en nuestro país, y más bien se consumen solas que como acompañante de pinchos y tapas.
En algunas partes, se consume cava, sobre todo en Cataluña, pero esta bebida es poco frecuente en el resto de España.
Por último, no debemos dejar de mencionar dos importantes bebidas, que son sinónimo de tapeo reparador y de agradable aperitivo.
Nos referimos en primer lugar a la sidra, consumida sobre todo en Asturias y en el País Vasco, que a base de zumo de manzanas fermentado, constituye una bebida deliciosa y saludable y que acompaña perfectamente a los chorizos cocidos, tapas de queso, sardinas, cazuelitas de todo tipo y demás delicadezas que en los «chigres» y sidrerías del norte de España, se encuentran

En algunos locales, la riqueza de los aperitivos y su delicada preparación, alcanza niveles de alta cocina.

habitualmente a disposición de todos los parroquianos. Finalmente, nos queda el vermú, que por sí solo ha sido durante generaciones sinónimo de ir a tomar el aperitivo. Algo en desuso en los últimos años, parece que vuelve su consumo, debido entre otras cosas al fuerte impulso publicitario que algunas marcas están realizando.
En fin, hay donde escoger y mucho. Lo importante es la moderación y encontrar la bebida más acorde con nuestros gustos y con las tapas que vayamos a consumir.

La cerveza es, probablemente, la bebida más consumida en todos los locales públicos como complemento de los aperitivos y tapas.'

El vermú ha sido durante épocas el símbolo del aperitivo del mediodía.

Huevos rellenos

Ingredientes:
6 huevos
100 g de sardinillas en aceite
1 cucharada de tomate frito
2 o 3 cucharadas de mayonesa
Hinojo u otra hierba al gusto
Perejil picado
1 diente de ajo
2 pimientos morrones

Rápida

1. Poner los huevos en un cazo cubiertos con agua fría; acercar al fuego y cocer durante diez minutos. Sacarlos, refrescarlos en agua fría y pelarlos.

2. Cortar los huevos a la mitad longitudinalmente y poner las yemas en un cuenco con la mayonesa, el tomate frito y el perejil picado. Trabajar todo aplastando las yemas con un tenedor.

3. Quitar las pieles y las espinas a las sardinas (reservar las colitas para adornar). Desmenuzar las sardinas y agregarlas a la pasta de las yemas trabajando todo muy bien.

4. Rellenar la mitad de las claras con el relleno. Adornar con las colitas de las sardinitas reservadas, un poco de hinojo y pimiento morrón.

Pechugas en escabeche

Ingredientes:
500 gramos de pechuga de pollo, sin huesos ni piel
1cebolla mediana
3 dientes de ajo
2 zanahorias
150 gramos de ramitas de coliflor
2 hojas de laurel
1 ramita de tomillo
4 cucharadas de aceite de oliva
1 copa de vino blanco
1 copa de vinagre
1 taza de agua
10 granos de pimienta negra
Sal

Fácil
Elaborada

1. Lavar y secar las pechugas de pollo, calentar el aceite en una sartén grande y cuando comience a humear, incorporar las pechugas, dejándolas freir hasta que estén doradas por todos los lados.

2. Sacar las pechugas y freir en el mismo aceite las hojas de laurel y la rama de tomillo a fuego medio durante 2 o 3 minutos. Agregar el agua y apartar del fuego.

3. Poner las pechugas en una cacerola junto con las zanahorias troceadas, la cebolla cortada en aros, los ajos cortados en filetes, la pimienta, sal, el vino, el vinagr y el agua con las hierbas.

4. Tapar la cacerola y dejar cocer a fuego suave unos 30 minutos, o hasta que las pechugas estén tiernas. Aparta del fuego y dejar enfriar dentro del escabeche. Trocear y servir

En la parte superior: Pechugas en escabeche.
En la parte inferior: Huevos rellenos.

Mejillones en vinagreta

Ingredientes:
1 kg de mejillones
2 tomates maduros pero firmes
1 pimiento verde pequeño
1/2 cebolla pequeña
4 cucharadas de aceite de oliva
1 cucharada de vinagre de vino
Sal

Fácil

1. Lavar muy bien los mejillones raspándolos con un cepillo fuerte bajo el chorro del agua fría para quitarles todos los restos de suciedad que pudieran tener sus conchas. Desechar los mejillones que estén abiertos y no se cierren al golpearlos

2. A continuación, colocar los mejillones en una cacerola con media taza de agua, tapar y dejar al fuego hasta que se abran los mejillones. Apartar del fuego y dejar enfriar. Retirar los mejillones que no se hayan abierto después de cocerlos.

3. Mientras se enfrían los mejillones, preparar la vinagreta: lavar los tomates,y el pimiento, pelar la cebolla y picar todo muy finamente sobre una tabla de madera, con un cuchillo bien afilado.

4. Colocar los ingredientes de la vinagreta, es decir los tomates, pimientos y la cebolla en un cuenco y aliñar con el aceite, el vinagre y la sal.

5. Finalmente, quitar una concha a cada mejillón y colocarlos en platos o en una fuente. Repartir la vinagreta por encima y servir.

Delicias de salmorejo

Ingredientes:
15 o 20 tartaletas pequeñas, hechas con masa quebrada (las venden hechas)
2 tomates grandes, maduros
1 rebanada de pan del día anterior
2 dientes de ajo pequeños
1 yema de huevo
1 taza de aceite de oliva
2 cucharadas de vinagre
1/2 taza de agua
30 g de jamón serrano, cortado en tiritas

Refinada

1. Lavar los tomates, secarlos con papel absorbente, trocearlos y ponerlos en una batidora con los ajos pelados y troceados, el pan remojado y escurrido y la yema de huevo.

2. Añadir el vinagre y la sal y batir hasta obtener una crema homogénea. Incorporar el aceite y el agua y volver a batir.

3. Finalmente, probar el punto de sal por si hay que rectificarlo y rellenar las tartaletas con el salmorejo.

4. Colocar en una fuente de servir y adornar la superficie con el jamón y el huevo duro picado. Servir inmediatamente para evitar que las tartaletas se ablanden.

Sugerencia

Si lo desea, también puede servir en salmorejo a la mesa en cuencos y acompañarlo con tostaditas de pan.

En la parte superior: Delicias de salmorejo
En la parte inferior: Mejillones en vinagreta

Almejas rellenas

Ingredientes:
30 almejas
50 g de jamón serrano picado.
1/2 cebolla pequeña muy picada
Perejil picado
2 cucharadas de aceite de oliva
1 cucharada de harina
Pan rallado
1 yema de huevo
Sal y pimienta molida

Refinada

1. Lavar las almejas, puestas en un colador bajo el chorro del agua fría, escurrirlas y colocarlas en una cacerola con un cuarto de taza de agua.

2. Acercar la cacerola al fuego y mantenerla hasta que las almejas estén abiertas. Colar el caldo, reservarlo y dejar que las almejas pierdan el exceso de calor. Desechar las almejas que permanezcan cerradas después de estar cocidas.

3. A continuación, extraer las almejas de las conchas y picarlas. Calentar el aceite en una sartén al fuego y rehogar la cebolla hasta que esté transparente.

4. Incorporar el jamón, darle unas vueltas y agregar la harina, moviendo sin parar con una cuchara de madera para que se ligue todo bien. Incorporar las almejas picadas, el caldo y el perejil.

5. Continuar removiendo hasta que todo esté bien unido. Salpimentar, apartar del fuego y agregar la yema, mezclando muy bien. Seguidamente, rellenar las conchas con el preparado y colocarlas en una placa del horno. Espolvorear la superficie de las almejas con el pan rallado, gratinar y servir.

Pastel de pescado

Ingredientes:
350 g de pescado limpio, sin piel ni espinas. (merluza, cabracho...etc)
4 huevos
2 cucharadas de tomate frito
La miga de una rebanada de pan desmenuzada y mojada
en leche
1/2 taza de nata líquida o leche
Pimiento morrón en tiras
Sal, pimienta blanca molida
Nuez moscada
Mayonesa
Tostaditas

Refinada
Para invitados

1. Cocer el pescado elegido durante cinco minutos en agua hirviendo con sal, escurrirlo, desmenuzarlo y reservar.

2. Batir los huevos en un cuenco y agregarles el pescado desmenuzado, el tomate frito, la miga de pan, la nata líquida, la sal, la pimienta y la nuez moscada.

3. Mezclar todo muy bien para que se homogeinicen todos los sabores. A continuación, engrasar un molde alargado con una capa fina de mantequilla y vertir dentro el preparado.

4. Cocer el pastel al baño maría hasta que esté cuajado, unos 45 minutos aproximadamente.

5. Una vez que el pastel esté frío, desmoldarlo y cortarlo en trozos alargados. Colocar el pastel sobre tostadas y adornar con la mayonesa y las tiras de pimiento morrón.

En la parte superior: Pastel de pescado
En la parte inferior: Almejas rellenas

S 210 240 W 300

Empanada de bonito

1 Ingredientes:
Para la masa:
500 g de harina
1 taza de las de café de aceite de oliva
1 taza de las de café de vino blanco
Sal
Para el relleno:
2 tomates grandes picados
2 pimientos verdes picados
1 cebolla, pelada y picada
200 g de bonito en aceite
5 cucharadas de aceite de oliva

Elaborada

1. Mezclar en un cuenco el aceite, el vino y la sal. Añadir la harina poco a poco, e ir mezclando todos los ingredientes con las manos hasta que se obtenga una masa suave y homogénea (añadir más harina si fuese necesario). Formar una bola y reservar.

2. Calentar el aceite en una sartén y rehogar la cebolla hasta que esté transparente. Añadir los tomates y los pimientos y freir a fuego lento de 20 a 30 minutos.

3. Apartar del fuego, pasar a una cazuela el sofrito, quitar el aceite que se pueda y mezclarle el bonito desmenuzado. Salar ligeramente y dejarlo enfriar.

4. Dividir la masa en dos mitades, extender una de las mitades de la masa y forrar con ella una placa o una bandeja de horno. Colocar el relleno sobre ella y cubrir con el resto de la masa igualmente extendida.

5. Pegar los bordes de la empanada con un hilo de masa retorcida hecho con los dedos, hacer un boquetito en el centro y cocer en el horno a temperatura media durante una hora aproximadamente. Trocear y servir.

Pulpo a feira

Ingredientes:
1 pulpo pequeño (unos 500 g aproximadamente)
8 cucharadas de aceite de oliva
2 patatas grandes
Pimentón dulce o picante, al gusto
Sal gorda

Fácil

1. Lavar bien el pulpo y golpearlo fuertemente con un mazo de madera para que se ablande

2. Poner abundante agua en una olla al fuego con sal y cuando comience a hervir, meter el pulpo y dejarlo cocer hasta que esté tierno (de 30 a 40 minutos).

3. Cuando quede poco tiempo para que el pulpo esté en su punto, unos 15 minutos, añadir las patatas peladas y troceadas, dejándolas cocer hasta que estén tiernas.

4. Sacar el pulpo y trocearlo, colocándolo a continuación en un plato de madera. Escurrir las patatas y colocarlas en el centro del plato con el pulpo.

5.. Regar con el aceite, espolvorear con el pimentón y sal gorda y servir.

Sugerencia

Las patatas gallegas son las mejores para cocerlas.

En la parte superior: Pulpo a feira
En la parte inferior: Empanada de bonito

Croquetas de jamón

Ingredientes:
100 g de jamón serrano
2 1/2 cucharadas de harina
1/2 litro de leche
Sal
2 huevos
Pan rallado
Aceite de oliva

Fácil

1. Picar el jamón serrano muy menudo con tijeras o con una picadora. Calentar 4 cucharadas de aceite en una sartén puesta al fuego y añadir la harina.

2. Mezclar todo rápidamente con una cuchara de madera y agregar la leche poco a poco y sin dejar de mover. Cuando llevemos incorporada aproximadamente la mitad de la leche, añadir el jamón y un poco de sal.

3. Continuar moviendo hasta que esté todo hecho una crema y dejar que cueza unos 5 minutos como mínimo. Verter en una fuente y dejar enfriar.

4. Formar con las manos las croquetas y pasarlas primero por los huevos batidos y a continuación por el pan rallado.

5. Calentar abundante aceite en una sartén y freír las croquetas; dejarlas enfriar sobre papel absorbente y servir frías o calientes.

Lomitos de salmonete en escabeche

Ingredientes:
300 gramos de salmonetes
4 dientes de ajo
6 cucharadas de aceite de oliva
2 hojas de laurel
2 clavos de olor
1 ramita pequeña de canela
1 cebolla pequeña
1 zanahoria
Sal
1 vaso de agua

Refinada
Exquisita

1. Una vez limpios de vísceras los salmonetes, lavarlos bien y quitarles las cabezas. Pelar los ajos y filetearlos. Pelar la cebolla y cortarla en aros. Pelar la zanahoria y cortarla en juliana.

2. A continuación, calentar el aceite en una sartén y freír ligeramente los salmonetes, retirarlos y colocarlos en un recipiente un poco profundo.

3. Incorporar la cebolla a la sartén, junto con los ajos, la zanahoria, el laurel, los clavos, la canela y rehogar todo de 5 o 7 minutos.

4. Regar con el vino, el vinagre y el agua. Sazonar y dejar que cueza todo de 10 a 15 minutos. Verter el escabeche sobre los salmonetes y dejar enfriar.

5. A la hora de servir, separar los lomos de los salmonetes y acompañarlos con el escabeche.

En la parte superior: Lomitos de salmonete en escabeche
En la parte inferior: Croquetas de jamón

Tigres

Ingredientes:

1 kg de mejillones

3 cucharadas de tomate frito

300 ml de bechamel templada

2 huevos

La miga de 1 rebanada de pan

Pan rallado

Aceite de oliva

Sal y pimienta molida

Económica

Nota

Cuando compre los mejillones para hacer esta receta, debe escoger únicamente aquellos mejillones que estén cerrados, o los que al golpearlos se cierren. Sin embargo, cuando los hayamos cocido, debemos desechar aquellos que permanezcan cerrados.

1. Limpiar bien los mejillones, raspándolos bajo el chorro del agua fría y colocarlos en una cacerola. Tapar y dejar en el fuego hasta que se abran. Retirarlos de las conchas y picarlos, reservando éstas.

2. A continuación, colocar los mejillones picados en un cuenco y agregarles el tomate frito y la miga de pan, mezclando todo muy bien. Dejar reposar unos minutos para que el pan absorba el líquido.

3. Rellenar las conchas con la mezcla preparada y cubrir con un capa de bechamel. Dejar enfriar.

4. Finalmente, pasar los mejillones por los huevos batidos y por el pan rallado. Calentar aceite en una sartén amplia y freir los mejillones hasta que estén dorados. Escurrir bien y servir.

Huevas aliñadas

Ingredientes:

250 gramos de huevas de pescado (merluza, bacalao, etc)
3 tomates maduros pero firmes
1 pimiento verde grande
1 cebolla mediana
8 cucharadas de aceite de oliva
2 cucharadas de vinagre
Sal
1 hoja de laurel

Exquisita
Para invitados

Sugerencia

Las huevas de pescado son una de las tapas más típicas de Andalucía, y se toman acompañadas de una caña de cerveza de barril bien fresquita y de unas tostaditas de pan.

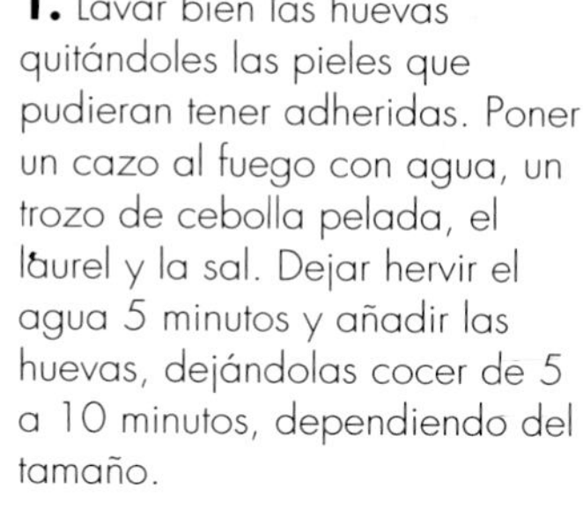

1. Lavar bien las huevas quitándoles las pieles que pudieran tener adheridas. Poner un cazo al fuego con agua, un trozo de cebolla pelada, el laurel y la sal. Dejar hervir el agua 5 minutos y añadir las huevas, dejándolas cocer de 5 a 10 minutos, dependiendo del tamaño.

2. Sacar las huevas del caldo y dejarlas enfriar. Mientras tanto, lavar los tomates y el pimiento y cortarlos sobre una tabla en trocitos pequeños hacer lo mismo con la cebolla.

3. Cortar las huevas en lonchas y colocarlas en una fuente. Poner en un cuenco los tomates, el pimiento y la cebolla, agregar el aceite, el vinagre y la sal, mezclar todo bien y cubrir las huevas con ello.

4. Servir bien frías.

Canapés de Cabrales

Ingredientes:
150 g de queso de Cabrales
2 cucharadas de mantequilla
1 cucharada de leche
1 manzana roja
10 rebanadas de pan de molde o tostaditas cuadradas
Unos brotes de cebollino u otra hierba al gusto

Fácil

1. Colocar el queso en un cuenco y aplastarlo con un tenedor; añadir la leche y la mantequilla y continuar trabajándolo hasta obtener una crema espesa y homogénea.

2. A continuación, cortar las rebanadas de pan en cuadraditos, desechando las cortezas, y tostarlas en el gratinador del horno o en un tostador.

3. Untar las tostaditas con una buena porción de queso. Lavar la manzana y cortar unos triangulitos de forma que tengan un lado con piel.

4. Pinchar en cada canapé un trocito de manzana, añadir unos cuantos brotes de cebollino y servir.

Nota

El Cabrales es el queso de pasta azul más afamado de todos los de España. Se elabora con leche de vaca o con una mezcla de leche de vaca, cabra y oveja; se envuelve en hojas de plátano y se deja curar durante seis meses en cuevas ventiladas de las montañas asturianas. La sidra, asturiana o vasca, es el acompañamiento ideal para estos canapés.

Frituras de criadillas

Ingredientes:
4 criadillas de cordero
1 huevo
Pan rallado
Aceite de oliva
Sal y pimienta molida

Refinada

1. Quitar las pieles que recubren a las criadillas o pedir al carnicero que lo haga y cortarlas en medallones finos.

2. Colocar las criadillas en un colador con sal y dejarlas así durante 10 minutos. A continuación, ponerlas bajo el chorro del agua fría, lavarlas bien y secarlas.

3. Seguidamente, batir el huevo en un plato hondo y poner pan rallado en otro. Pasar las criadillas primero por el huevo batido y después por pan rallado.

4. Seguidamente, poner abundante aceite en una sartén y freír las criadillas, por tandas, hasta que estén doradas y crujientes.

5. Sacarlas de la sartén, escurrirlas sobre papel absorbente y servir calientes.

En la parte superior: Canapés de Cabrales
En la parte inferior: Frituras de criadillas

Tostadas con paté de bonito

Ingredientes:
12 rebanadas de pan de molde grandes
200 g de bonito limpio, sin piel ni espinas
1 diente de ajo pequeño
4 cucharadas de aceite de oliva
1/2 limón
Alcaparras
1 trozo de pepino
1/2 pimiento morrón

Rápida
Fácil

1. Calentar 1 cucharada de aceite en una sartén y asar el bonito; solo vuelta y vuelta para que no se seque.

2. Desmenuzar el bonito y colocarlo en el vaso de la batidora con el diente de ajo picado, el resto del aceite y el jugo de limón. Batir hasta obtener una pasta suave y homogénea.

3. A continuación cortar unos redondeles de pan de molde con un cortapastas o con el borde de una copa y tostarlos en el grill del horno o en un tostador.

4. Untar una buena capa de paté en cada tostadita y adornar la superficie con una alcaparra, una tirita de pimiento y un trocito de pepino.

5. Los ingredientes del adorno los puede variar a su gusto.

Hojaldres de revuelto

Ingredientes:
15 o 20 volovanes pequeñitos (los venden hechos)
1 morcilla de cebolla
4 huevos grandes
Sal
4 cucharadas de aceite de oliva

Deliciosa
Rápida

1. Abrir la morcilla, cortando la piel a lo largo con un cuchillo o con unas tijeras, extraer el contenido de la morcilla y desmenuzarla con un tenedor hasta obtener una pasta fina. Calentar una cucharada de aceite en una sartén y saltear la morcilla. Sacar y escurrir.

2. Batir los huevos en un cuenco, añadir sal y el picadillo de morcilla y mezclar todo muy bien hasta obtener una masa homogénea.

3. Colocar los volovanes en una placa de horno, cubrirlos con un trozo de papel de aluminio y calentarlos en el horno 5 minutos.

4. Mientras, calentar el resto del aceite en una sartén antiadherente y verter la mezcla de los huevos y la morcilla, moviéndolos con una cuchara de madera hasta que el huevo se cuaje y forme un revuelto con la morcilla.

5. Rellenar los volovanes con el revuelto, poner un detallito como adorno y servir antes de que se enfríen.

Nota

Las morcillas más apropiadas para realizar esta tapa, son las morcillas frescas de sangre y cebolla, ya que tienen la textura y el sabor más apropiados. Las morcillas de Burgos, hechas con arroz, están más secas y curadas y son ideales para comerlas fritas sobre unas rebanadas de pan; mientras que las morcillas asturianas, curadas al humo, se utilizan más para acompañar en los potes y los guisos que para comerlas frescas.

En la parte superior: Tostadas con paté de bonito
En la parte inferior: Hojaldres de revuelto

Patatas al alioli

Ingredientes:
2 patatas grandes
2 dientes de ajo
1 1/2 tazas de aceite de oliva
Sal
Perejil picado

Rápida

1. Pelar las patatas, lavarlas bien y ponerlas en una cacerola cubiertas con agua y sal; acercarlas al fuego y dejarlas cocer hasta que estén tiernas (unos 15 minutos) pero no deshechas. Escurrirlas y dejarlas enfriar.

2. Mientras se cuecen las patatas, poner los ajos pelados con sal en un mortero, machacar todo bien, y cuando esté todo hecho una pasta, agregar el aceite en forma de hilillo, poco a poco, sin dejar de remover para que vaya ligando el alioli.

3. Trrocear las patatas y colocar en un cuenco. Cubrirlas con el alioli y espolvorearlas con el perejil picado.

Sugerencia

Si se desea, se puede diluir el alioli con un poco de agua o de leche para poder envolver y cubrir bien las patatas.

Color español

Ingredientes:
12 huevos de codorniz
150 g de jamón serrano, en lonchas
12 rebanadas de pan
Aceite de oliva
Sal
1 pimiento morrón

Fácil
Rápida

1. Colocar las rebanadas de pan sobre una tabla o sobre una superficie plana y cortar los centros con un cortapastas o con el borde de una taza, para eliminar las cortezas.

2. A continuación, poner abundante aceite en una sartén y calentarlo en el fuego. Cuando esté caliente freir el pan y dejarlo escurrir sobre papel absorbente.

3. Seguidamente, untar una plancha o una sartén antiadherente con aceite y freir los huevos y el jamón, cortado en lonchitas pequeñas.

4. Por último, colocar el jamón sobre el pan frito y colocar un huevo sobre cada montadito. Adornar con unas tiritas de pimiento morrón y servir antes de que se enfríen.

Nota

Los huevos de codorniz, que proceden en su mayoría de granjas especializadas, son muy apreciados para utilizarlos en la elaboración de entremeses, en tapas o como guarnición en algunos platos.
No dude en comprarlos si los encuentra en el mercado, pues tienen un sabor exquisito y tienen muchas aplicaciones en este tipo de recetas.

En la parte superior: Color español
En la parte inferior:Patatas al alioli

Buñuelos de bacalao

Ingredientes:
75 gramos de migas de bacalao desalado
1 botellín de cerveza
1 cebolla pequeña
Perejil
Harina
Sal
Aceite de oliva

Exquisita

1. Pelar la cebolla y picarla muy menuda. Lavar un ramito de perejil, sacudirlo para eliminar los restos de agua y picarlo finamente.

2. Poner en un cuenco la cerveza y agregarle el bacalao, la cebolla y el perejil; mezclar todo bien y añadir la harina poco a poco, sin dejar de remover hasta obtener una papilla espesa. Añadir sal si fuese necesario.

3. Seguidamente, poner abundante aceite en una sartén, acercar al fuego y cuando el aceite empiece a humear, dar forma de buñuelo a la masa con dos cucharas y echarlo a la sartén.

4. Dejar los buñuelos hasta que estén doraditos por todos los lados. Escurrir sobre papel absorbente y servir calientes.

Nota

El bacalao es un pescado blanco de gran importancia dentro de la cocina española. Fresco admite un gran número de preparaciones distintas y conservado en salazón se consume tradicionalmente en España desde el siglo XVII dada su facilidad de transporte y almacenamiento

Boquerones en vinagre

Ingredientes:
250 g de boquerones
1 vaso de vinagre
1/4 de vaso de agua
El zumo de 1/4 de limón
6 cucharadas de aceite de oliva de calidad
2 o 3 dientes de ajo
Perejil picado
Sal
Aceitunas negras

Fácil

1. Limpiar los boquerones, quitarles las vísceras y eliminar las cabezas y las espinas. Separar los dos lomos y lavarlos muy bien.

2. Colocar los boquerones en un recipiente hondo y cubrirlos con agua fría, manteniéndolos así unos 30 minutos como mínimo. Escurrir el agua a los boquerones y cubrirlos con el vinagre, el cuarto de vaso de agua y el zumo del limón exprimido. Salar ligeramente y dejarlos así de 6 a 8 horas.

3. Una vez que los boquerones se han puesto blancos, se retiran de la fuenteen la que han marinado, se cuelan y se colocan en una fuente plana, bien dispuestos uno al lado del otro.

4. Pelar los dientes de ajo y picarlos muy menudos. Espolvorear los boquerones con los ajos y el perejil picado. Regar con el aceite de oliva y servirlos después de dejarlos reposar un momento para que se impregnen bien de todos los sabores.

En la parte superior: Buñuelos de bacalao
En la parte inferior: Boquerones en vinagre

Pimientos rellenos

Ingredientes:

12 pimientos de piquillo, de lata

100 gramos de merluza cocida

1 cebolla picada

1/2 litro de bechamel

2 dientes de ajo, pelados y picados

1 tomate, pelado y picado

Sal

1/8 de litro de caldo

Aceite de oliva

Refinada
Exquisita

Nota

Los pimientos de piquillo de color rojo, forma triangular y pequeño tamaño, se elaboran mediante un método de trabajo enteramente artesanal. Una vez recolectados, se asan sobre las brasas, se eliminan las pieles blancas del interior y las semillas y se pelan a mano, sin que intervengan las máquinas en todo el proceso.

1. Incorporar la merluza a la bechamel cuando aún esté caliente, mezclar y dejar enfriar. Rellenar los pimientos (reservando uno) con la bechamel con cuidado y sujetar la abertura con un palillo.

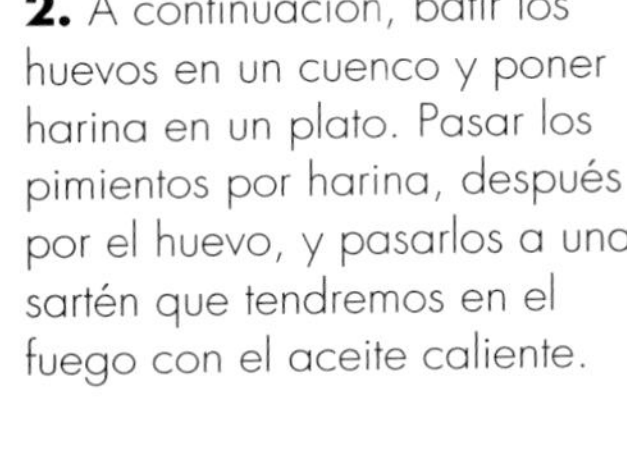

2. A continuación, batir los huevos en un cuenco y poner harina en un plato. Pasar los pimientos por harina, después por el huevo, y pasarlos a una sartén que tendremos en el fuego con el aceite caliente.

3. Una vez que los pimientos estén dorados, colocarlos en una cazuela de barro. Calentar en una sartén cuatro cucharadas de aceite y hacer un sofrito con la cebolla, los ajos, el pimiento reservado y el tomate. Salar y pasar por el colador chino.

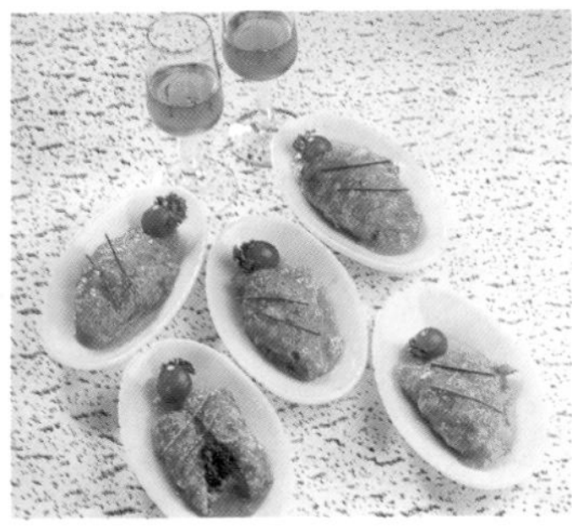

4. Diluir la salsa con el caldo, verterla sobre los pimientos y dejr cocer unos 10 minutos y servir.

Boquerones con sorpresa

Ingredientes:

500 g de boquerones

3 pimientos morrones o de piquillo, asados y pelados

1 huevo

Harina

Aceite de oliva

Sal

Fácil

Nota

El boquerón es un pescado azul de carne sabrosísima y muy apreciado para su consumo de muy diversas formas: en crudo, asado, en empanada, en conserva, etc. Recibe muy distintos nombres según las diferentes regiones españolas, y en todas es muy apreciado por su excelente sabor.

1. Limpiar los boquerones, quitarles las cabezas y lavarlos muy bien bajo el chorro de agua fría; secarlos, abrirlos a lo largo y extraerles las espinas.

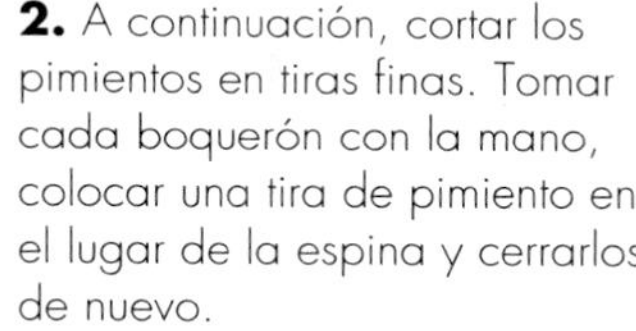

2. A continuación, cortar los pimientos en tiras finas. Tomar cada boquerón con la mano, colocar una tira de pimiento en el lugar de la espina y cerrarlos de nuevo.

3. Seguidamente, batir el huevo en un cuenco y poner harina en un plato. Pasar cada boquerón por harina y a continuación por huevo batido. Freirlos en abundante aceite bien caliente.

4. Sacar los boquerones de la sartén, escurrirlos sobre papel absorbente y servirlos rápidamente.

Chistorra en camisa

Ingredientes:
300 gramos de chistorra
250 gramos de masa de hojaldre congelada
1 yema de huevo
1 cucharada de leche

Elaborada

1. Si la chistorra es de las que están envasadas al vacío en plástico, no hay que lavarla, de lo contrario, lavarla ligeramente y secarla bien. Ponerla sobre una tabla y cortarla en trozos de 6 centímetros.

2. A continuación, estirar el hojaldre con el rodillo sobre una superficie plana enharinada y cortarlo en rectángulos con el lado más pequeño de unos dos centímetros de longitud. Rodear cada trozo de chistorra con un trozo de hojaldre y pegar los dos extremos aplastándolos con los dedos mojados en un poquito de agua.

3. Batir la yema de huevo en un cuenco junto con la leche y pincelar cada paquetito de hojaldre con la mezcla.

4. Colocar los hojaldres en una placa de horno separados unos de otros y cocer a media potencia hasta que estén doraditos. Se pueden servir fríos o calientes.

Nota

La chistorra es un embutido típicamente navarro, hecho a base de carne de cerdo y de vacuno, con panceta y tocino que se suele consumir preferentemente frito o a la parrilla. También se utiliza como relleno de empanadas y volovanes.

Zarangollo

Ingredientes:
1 calabacín mediano
2 patatas
1 cebolla grande
5 huevos
Sal
Aceite de oliva

Fácil

1. Lavar el calabacín y cortarlo en rodajas finas. Pelar las patatas, lavarlas y cortarlas en rodajas del mismo tamaño que el calabacín. Pelar la cebolla y picarla en tiritas finas y pequeñas.

2. Calentar el aceite en una sartén al fuego y rehogar la cebolla hasta que esté transparente; incorporar las patatas y el calabacín, salar y freir a fuego suave hasta que todo esté blandito. Sacar y dejar escurrir en un colador.

3. A continuación, batir los huevos en un cuenco con sal, incorporar las patatas, la cebolla, el calabacín y mezclar todo bien.

4. Calentar tres cucharadas de aceite en una sartén y cuajar los huevos con la verdura cuidando que quede muy jugoso, Servir inmediatamente acompañado de tostaditas o de rebanaditas de pan.

Nota

El calabacín se puede preparar de muy diversas formas y con diversas combinaciones. Se puede rebozar en harina y huevo y freirlos, constituyendo así una tapa caliente exquisita; o se puede preparar con una vinagreta de hierbas frescas, convirtiéndose entonces en un refrescante aperitivo veraniego.

En la parte superior: Zarangollo
En la parte inferior: Chistorra en camisa

Tostas con anchoas y tomate

Ingredientes:
12 anchoas en salmuera
2 tomates maduros, pero firmes
Aceite de oliva
6 rebanadas de pan
Perejil picado
2 pepinillos en vinagre
Cebollitas en vinagre

Fácil

1. Lavar bien las anchoas bajo el chorro de agua fría, quitar la piel con cuidado, extraer la espina y separar los dos lomos. Colocarlos en un plato

2. A continuación, cubrir los filetes d anchoas con una capita fina de aceite y dejarlos 24 horas (de esta manera se pueden conservar mucho tiempo).

3. Tostar el pan. Lavar los tomates, secarlos y cortarlos en rodajas delgadas.

4. Finalmente, para montar las tostas, colocar dos rodajas de tomate sobre cada tostada, y sobre ellas, dos lomos de anchoas. Adornar con los pepinillos, las cebollitas y el perejil picado.

5. En el momento de servir, regarlas con un hilillo de aceite.

Patatas bravas

Ingredientes:
500 g de patatas
1 taza de tomate frito
1 cucharada de salsa de Tabasco
1/2 cucharada de vinagre
Aceite de oliva
Sal

Fácil
Rápida

1. Lavar bien las patatas y colocarlas en una cacerola, cubrirlas con agua, añadirles sal y cocerlas a fuego fuerte hasta que estén tiernas, pero con cuidado de que estén firmes y no desechas.

2. Colar las patatas y cuando pierdan el exceso de calor, pelarlas y cortarlas con un cuchillo afilado en trozos regulares.

3. Calentar abundante aceite en una sartén puesta al fuego y freir las patatas hasta que estén bien doradas; sacarlas y escurrirlas en un colador o sobre un papel absorbente y salarlas ligeramente.

4. Poner el tomate en un cuenco y agregarle la salsa de tabasco y el vinagre y mezclar bien.

5. Colocar las patatas en un cuenco o una fuente, cubrir con la salsa y servir.

Nota

La patata es originaria de Centro y Sudamérica y se trajo a Europa años después del Descubrimiento de América; lo mismo sucede con el tomate y con el Tabasco, que es una salsa picante que se obtiene de los chiles mejicanos (pequeños pimientos muy picantes).
Las patatas bravas son una tapa de gran raigambre en la cocina española, pero se cree que son originarias de la zona de Aragón.

En la parte superior: Tostas con anchoas y tomate
En la parte inferior: Patatas bravas

Chorizo a la sidra

Ingredientes:
250 gramos de chorizo casero
1/2 litro de sidra

Rápida
Fácil

1. Lavar ligeramente los chorizos y secarlos. Colocar los chorizos en una cacerola puesta al fuego, regar con la sidra, taparlos y dejarlos cocer de 15 a 20 minutos.

2. Sacar los chorizos y ponerlos sobre una tabla de madera, cortarlos en trozos y colocarlos en cazuelitas con la sidra que quede de la cocción.

3. Servir calientes.

Sugerencia

Los chorizos se pueden cocer igualmente con vino blanco en vez de sidra, pero de todas formas, los chorizos ideales para cocer son aquellos que no se han dejado curar y están aún frescos.
Este tipo de chorizos también se puede servir asado a la plancha, a la parrilla, o frito en aceite caliente o en su propia grasa.

Tartaletas de ensaladilla de gambas

Ingredientes:
300 gramos de gambas
500 gramos de patatas
2 tazas de mayonesa
1 huevo duro
Aceitunas rellenas de pimientos
Tartaletas de masa quebrada

Fácil
Para invitados

1. Pelar las gambas, reservar las colas y cocer los caparazones en agua con sal durante 10 minutos, pasar con cuidado el contenido de la cazuela a través de un paño y reservar el líquido resultante.

2. Pelar las patatas, lavarlas y cortarlas en cuadraditos muy pequeños. Poner el caldo reservado de haber cocido los caparazones de las gambas en una cacerola y cocer las patatas a fuego alegre cuidando de que no se pasen.

3. Una vez que las patatas estén en su punto, agregar las colas de las gambas, proseguir la cocción durante 1/2 minuto y colar todo bien.

4. Colocar las patatas y las gambas en una ensaladera y cuando estén frías, añadir la mayonesa y mezclar con cuidado (conviene aclarar un poco la mayonesa con leche para que se mezcle mejor).

5. Rellenar las tartaletas con la ensaladilla y adornarlas con una rodaja de aceituna, un poco de perejil y unas briznas de huevo picado por encima.

Sugerencia

Las tartaletas se pueden servir con una gran variedad de rellenos, tanto dulces como salados. El único cuidado que debemos tener es no rellenarlas con demasiada antelación, pues el relleno puede hacer que la masa se ablande demasiado y pierda parte de su sabor y buen aspecto.

En la parte superior: Chorizos a la sidra
En la parte inferior: Tartaletas de ensaladilla de gambas

Gambas al ajillo

Ingredientes:
300 g de gambas
4 dientes de ajo
3 cucharadas de aceite de oliva
Un trocito de guindilla (opcional)
Sal

Exquisita
Rápida

1. Pelar las gambas, colocarlas en un plato y reservarlas en un lugar fresco hasta el momento de utilizarlas.

2. Pelar los ajos y cortarlos en rebanaditas finas. Poner el aceite en una cazuelita de barro, añadir los ajos, la guindilla cortada en aritos y colocar al fuego.

3. Cuando los ajos y los aros de guindilla estén dorados, incorporar las gambas y la sal. Darles unas vueltas con una cuchara de madera, para que todas las gambas se hagan por igual, tapar la cazuela y apagar el fuego para que terminen de cocinarse lentamente.

4. Servir inmediatamente, muy calientes, en la misma cazuelita de barro.

Tortilla de sardinas

Ingredientes:
6 huevo
8 sardinas pequeñas
2 dientes de ajo
Unas ramitas de perejil
Una pizca de pimentón picante
Sal
2 cucharadas de aceite de oliva

Elaborada

1. Quitar las cabezas, las espinas y las vísceras de las sardinas. Separar con cuidado los filetes de los lomos y lavarlos bien bajo el chorro del agua fría, salarlos ligeramente y reservarlos.

2. Separar las claras de las yemas y batir éstas en un cuenco con un poquito de sal. Batir las claras a punto de nieve y mezclar con cuidado las yemas.

3. Pelar los dientes de ajo y picarlos finamente, calentar el aceite en una sartén y dorar los ajos picados con cuidado de no quemarlos. A continuación, incorporar el pimentón y el perejil, dar unas vueltas para que se mezcle todo bien y añadir con cuidado los huevos batidos.

4. Colocar las sardinas de manera decorativa sobre los huevos, tapar y dejar que se cuaje todo a fuego muy lento (también se puede cuajar la tortilla en el horno, pero lleva más tiempo). Cortar la tortilla ya cuajada en triángulos de modo que quede una sardina en cada trozo y servir.

Sugerencia

Las sardinas se pueden marinar antes de utilizarlas para la tortilla. Basta con cubrir los filetes crudos con aceite de oliva y dejarlos toda la noche en el frigorífico. De esta forma quedarán mucho más jugosos.

En la parte superior: Gambas al ajillo
En la parte inferior: Tortilla de sardinas

Jamón encapotado

Ingredientes:
8 rebanadas de pan alargadas
4 lonchas de jamón serrano
300 gramos de queso «Torta del casar» (se puede sustituir por queso de Brie)
1 diente de ajo (opotativo)

Fácil
Rápida

Sugerencia

Las tapas que se pueden hacer con jamón son casi infinitas. Dependiendo de la zona geográfica, el jamón adopta las más diversas formas que le permiten ser uno de los reyes de la cocina informal. Destaca el jamón con tomate típico de Cataluña, que se prepara, friendo las lonchas de jamón y rehogándolas después en una salsa de tomate casera, para posteriormrnte colocarlas sobre unas rebanadas de pan frito y servirlas calientes.

1. Trocear el jamón con una tijera, no muy menudo (si se desea, se puede poner media loncha sobre cada rebanada de pan, pero resulta más incómodo de comer).

2. Tostar ligeramente el pan para que se endurezca un poco y frotarlo con el diente de ajo por uno de sus lados. Cortar el queso en lonchas alargadas.

3. A continuación, repartir el jamón sobre las tostadas y cubrirlo con las lonchas de queso. Colocarlas en una placa y meterlas en el horno con el grill encendido hasta que el queso se derrita.

4. Servir inmediatamente para que el queso no se enfríe y se endurezca. Adornar con tomatitos, y alguna hierba al gusto.

Bocadillos abiertos

Ingredientes:
1 barra de pan fina (baguette)
1 cogollo de lechuga
1 zanahoria mediana
2 huevos duros
6 palitos de cangrejo
1 cucharada de alcaparras
1/4 de litro de salsa rosa
50 gramos de gamba cocidas y peladas

Fácil

Sugerencia

Los rellenos para estos bocadillos pueden variarse dependiendo de las ocasiones. Se pueden servir con un relleno caliente a base de champiñones al ajillo, o de un revuelto de gambas y ajetes o rellenas de anchoas, sardinitas en escabeche...No limite su imaginación y aproveche los restos de otros platos para hacer nuevos bocadillos abiertos.

1. Cortar la barra de pan en trozos de 8 a 10 centímetros cada uno. Con ayuda de un cuchillo afilado de punta fina, hacer unos cortes cuadrados en la miga, de forma que al tirar de ellos nos quede el pan en forma de caja.

2. Lavar la lechuga, secarla un poco y cortarla en juliana fina. Raspar la piel de la zanahoria y rallarla. Pelar los huevos y aplastarlos con un tenedor. Picar los palitos de cangrejo. Poner todo en un cuenco, agregarle la salsa rosa y mezclar bien. Incorporar parte de las alcaparras.

3. A continuación, rellenar las cajitas hechas en el pan con la ensaladilla preparada, y colocarlas en una fuente o en platitos. Adornar la superficie con las gambas peladas, una alcaparra y un trocito de palito de cangrejo.

4. Conviene servir los bocadillos poco tiempo después de prepararlos, ya que la salsa puede hacer que pierdan su buen aspecto.

Almejas a la marinera

Ingredientes:
500 g de almejas
1/2 cebolla pequeña
2 dientes de ajo
1 cucharada de harina
3 cucharadas de aceite de oliva
1/2 copa de vino blanco seco
1/4 taza de agua
1/2 cucharadita de pimentón
Perejil fresco
Sal

Elaborada
Exquisita

1. Poner las almejas en un colador y lavarlas muy bien bajo el chorro del agua fría. Escurrirlas y reservarlas. Pelar la cebolla y los ajos, y picarlos muy menudos junto con el perejil.

2. Calentar el aceite en una cacerola o sartén al fuego y rehogar la cebolla, los ajos y el perejil hasta que la cebolla esté transparente. Incorporar el pimentón y la harina.

3. Mover rápidamente con una cuchara de madera y agregar las almejas, mezclando bien. Regar con el agua y el vino y añadir sal.

4. Tapar la cacerola y dejar cocer hasta que las almejas se abran. Conviene moverlas a menudo para que no se peguen la harina y el pimentón.

Sugerencia

Cuando se cocinan almejas hay que tener cuidado con la sal, ya que contienen sal de por si.
Por otra parte conviene tomar las mismas precauciones que con respecto a los mejillones en cuanto a su frescura antes de cocinarlas.

Hamburguesas de cerdo ibérico

Ingredientes:
500 g de carne magra de cerdo ibérico (solomillo, lomo o carne muy limpia)
1 cucharada de alcaparras
1 huevo
La miga de una rebanada de pan desmenuzada
Sal y pimienta negra molida
Perejil fresco
2 cucharadas de vino blanco seco
2 cucharadas de aceite de oliva

Exquisita
Para invitados

1. Picar la carne con una picadora o con dos cuchillos bien afilados (se puede pedir al carnicero que la pique). Picar las alcaparras y el perejil.

2. Batir el huevo en un cuenco y agregarle el vino, la sal y la pimienta. Mezclar bien y añadir la carne picada, las alcaparras, el pan y el perejil.

3. Trabajar todo junto y dejar reposar tapado en el frigorífico durante 30 minutos.

4. A continuación, formar unas hamburguesitas pequeñas con las manos. Untar una plancha con el aceite y cuando esté bien caliente, freir las hamburguesitas.

5. Finalmente, servir las hamburguesitas bien solas o en bollitos de pan pequeños.

En la parte superior: Almejas a la marinera
En la parte inferior: Hamburguesas de cerdo ibérico

Frituras de berenjenas

Ingredientes:
2 berenjenas medianas
80 gramos de sobrasada
1 huevo
Aceite de oliva
Harina
Sal

Elaborada

1. Lavar las berenjenas, secarlas y cortarlas en rodajas finas. Dejar las berenjenas en un cuenco con agua y sal durante 10 minutos. Ponerlas en un colador y dejarlas escurrir.

2. A continuación, secar las rodajas de las berenjenas y untarlas con una capa fina de sobrasada; juntarlas de dos en dos formando emparedados.

3. Batir el huevo en un cuenco y poner harina en un plato. Pasar los emparedados de berenjena por la harina y a continuación por el huevo batido.

4. Tener abundante aceite caliente en una sartén y meter los emparedados directamente del huevo batido, dejándolos freir a fuego no demasiado caliente para que las berenjenas se hagan bien.

5. Dejar escurrir los emparedados sobre papel de cocina absorbente y servir bien calientes.

Tostas con «pringá»

Ingredientes:
100 gramos de tocino del cocido
50 gramos de carne del cocido
50 gramos del chorizo del cocido
50 gramos de morcilla de cebolla
6 rebanadas de pan
1 pimiento morrón cortado en tiras

Fácil

1. Poner sobre una tabla el tocino y picarlo finamente con un cuchillo afilado.

2. A continuación, quitar la piel del chorizo y de la morcilla y picarlos como el tocino. Hacer lo mismo con la carne.

3. Colocar los ingredientes picados en un cuenco y mezclarlos bien. Tostar las rebanadas de pan en un tostador o en el grill del horno.

4. Repartir los ingredientes picados sobre las tostadas y colocarlas en una placa de horno. Gratinarlas, adornar con las tiras de pimiento morrón y servir bien calientes.

Nota

Con esta receta se demuestra que las tapas son una de las formas de aprovechamiento de los restos de comida más sugerentes que podemos encontrar.
Estas tostas nos permiten aprovechar sabiamente los restos del cocido y preparan nuestro paladar para la comida o incluso si las acompañamos de otras tapas de parecido vigor, nos permitirán obviar ésta.

En la parte superior: Frituras de berenjenas
En la parte inferior: Tostas con «pringá»

Tortillas de patatas

Ingredientes:
500 g de patatas
1 cebolla grande
6 huevos
Aceite de oliva
Sal

Exquisita
Elaborada

1. Pelar las patatas, lavarlas y cortarlas en lonchitas finas. Si se hacen tortillitas pequeñas, conviene hacer lonchitas aún más pequeñas, sin que lleguen a tener el diámetro de las patatas, para que éstas tengan mejor aspecto.

2. Pelar la cebolla y picarla finamente. Poner una sartén al fuego con aceite y freir la cebolla hasta que esté transparente. Añadir las patatas y freir todo a fuego lento hasta que las patatas estén muy blanditas.

3. Sacar las patatas y dejarlas escurrir un rato en un colador. A continuación, batir los huevos en un cuenco amplio, y salarlas. Incorporar las patatas y mezclar bien todo.

4. Poner un poquito de aceite en las sartenes pequeñas y cuajar las tortillitas, repartiendo por un igual el batido de huevos y patatas (si no se dispone de sartencitas muy pequeñas, cuajar una tortilla en una sartén grande).

5. Para que la tortilla quede jugosa por dentro hay que procurar darle la vuelta pronto, sin dejarla cocerse demasiado.

Empanadillas

Ingredientes:
Para la masa:
200 g de harina
1/2 copa de vino blanco
1/2 copa de aceite
Sal
Una pizca de bicarbonato
Para el relleno:
150 g de bonito en aceite
5 cucharadas de tomate frito
1 yema de huevo cocido
Aceite de oliva

Elaborada
Para invitados

1. Poner la harina en un cuenco o en una superficie de trabajo lisa y practicar un hueco en el centro. Mezclar en un cuenco el vino, el aceite, la sal y el bicarbonato.

2. A continuación, verter la mezcla anterior en el hueco hecho en la harina, y trabajar hasta conseguir una masa suave. Incorporar más harina si fuese necesario.

3. Seguidamente, mezclar en un cuenco el bonito desmenuzado, el tomate frito y la yema de huevo machacada con un tenedor.

4. Enharinar una superficie plana y extender la masa con un rodillo hasta que quede muy fina. Repartir el relleno en forma de montoncitos, cortar un redondel con un molde de empanadillas o con el borde de un vaso alrededor de cada uno y formar las empanadillas.

5. Calentar abundante aceite en una sartén y freir las empanadillas hasta que estén doradas. Escurrir bien y servir, frías o calientes.

En la parte superior: Tortillas de patatas
En la parte inferior: Empanadillas

Pollo al ajillo

Ingredientes:
1/2 pollo
8 cucharadas de aceite de oliva
10 o 15 dientes de ajo
1/2 copa de vino blanco seco
Sal

Elaborada
Exquisita

1. Lavar el pollo, secarlo y cortarlo en porciones pequeñas (se puede pedir al carnicero que nos lo haga); salar bien los trozos por todos lados.

2. Calentar el aceite y cuando humée incorporar el pollo dejándolo que se fría durante unos 15 minutos a fuego suave.

3. A continuación, pelar y picar los ajos y añadirlos al pollo,continuando la fritura hasta que estén dorados.

4. Finalmente, regar con el vino, subir el fuego y freir 5 minutos más.

5. Se puede servir frío o caliente, y si se desea se pueden añadir hierbas al gusto mientras se fríe para realzar el sabor.

Champiñones rellenos de jamón

Ingredientes:
500 g de champiñones pequeños
100 g de jamón serrano
3 cucharadas de aceite de oliva
Perejil fresco picado
1 limón
Sal

Elaborada
Fácil

1. Quitar los pedúnculos a los champiñones, dejando sólo las caperuzas. Lavar bien raspando bajo el chorro del agua fría y pelarlos si se desea.

2. Untar los champiñones con el limón, partido por la mitad para que no se ennegrezcan. Picar el jamón muy menudo.

3. A continuación, calentar el aceite en una sartén amplia y colocar los champiñones boca abajo, asándolos a fuego lento unos 5 minutos.

4. Retirar los champiñones del fuego y rellenarlos con una mezcla hecha con el perejil y el jamón, colocarlos en la sartén boca arriba, taparla y ponerla en el fuego hasta que estén hechos (unos 10 minutos).

Nota

Los champiñones son los hongos comestibles más conocidos, ya que su oferta se extiende a lo largo de todo el año. Si los compra envasados, debe abrir la bandeja inmediatamente después de la compra, de esta forma se pueden conservar frescos durante varios días en el cajón de las verduras del frigorífico.
Si lo prefiere, estos champiñones se pueden asar en el horno.

En la parte superior: Pollo al ajillo
En la parte inferior: Champiñones rellenos

Pinchos fritos

Ingredientes:
200 gramos de queso (al gusto)
100 gramos de chorizo
100 gramos de jamón serrano
100 gramos de gambas peladas
2 huevos
Pan rallado
Aceite de oliva

Fácil
Rápida

Nota

Los pinchos o brochetas dejan un amplio campo de trabajo a la imaginación, pues se pueden combinar muchos elementos para lograr unos resultados magníficos.
Pruebe a hacer pinchos con pescados, hortalizas, carnes o casi con cualquier cosa que se le ocurra y póngalos a freir en la sartén o áselos a la parrilla en un bello día de campo, pero en este caso use brochetas metálicas.

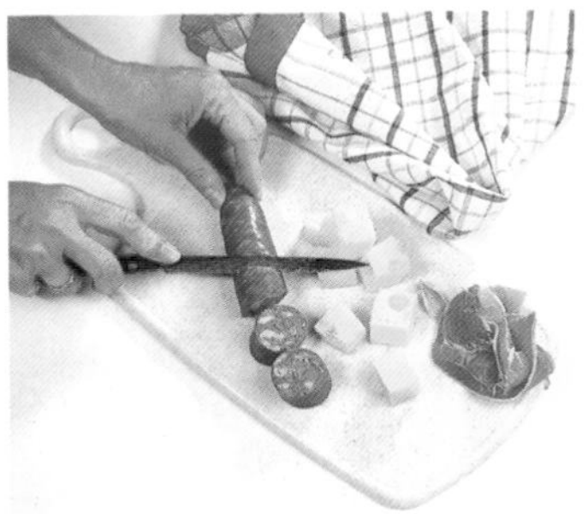

1. Cortar sobre una tabla el queso y el chorizo, procurando que los trozos sean más o menos del mismo tamaño. Cortar el jamón serrano en lonchitas estrechas.

2. A continuación, pinchar en palillos largos o en brochetas pequeñas un trozo de chorizo y una gamba, y en otras, dos trozos de queso con una lonchita de jamón enrollada en el centro.

3. Seguidamente, batir los huevos en un cuenco y poner el pan rallado en otro; pasar los pinchos primero por el huevo y a continuación por el pan rallado.

4. Calentar abundante aceite en una sartén y freir los pinchos hasta que estén doraditos y crujientes. Escurrir sobre papel absorbente y servir bien calientes.

Rollo fiambre

Ingredientes:

300 gramos de pechuga de pollo sin piel ni huesos
150 gramos de jamón de York
1 huevo
Perejil picado
Orégano molido
Sal
Pimienta blanca molida
1 copa de Jerez oloroso
500 gramos de jamón serrano

Elaborada
Para invitados

Sugerencia

Si le queda algo de rollo para otro día, puede aprovecharlo cortándolo en pequeños trocitos, pasándolos por una sartén con muy poco aceite puesta al fuego y colocándolos sobre unas lonchas de pan frito con un poco de salsa de tomate por encima.

1. Picar la carne de las pechugas en la picadora (eléctrica o manual) y ponerla en un cuenco. Picar igualmente el jamón de York y ponerlo con la pechuga. Añadir el huevo, el orégano, el perejil, la sal, la pimienta y el vino, mezclando todo muy bien.

2. Cortar un trozo de papel de aluminio y ponerlo sobre una superficie plana. Colocar la mitad de la carne sobre el papel repartir encima las tiras de jamón. Terminar colocando el resto de la carne.

3. A continuación, formar un rollo dándole forma con las manos y envolverlo presionando fuertemente. Calentar el horno y cocer el rollo de fiambre unos 30 minutos a media potencia.

4. Dejar enfriar poniendo un peso moderado encima del rollo para que coja la forma y se prense un poco. Cortar en rodajas finas y servir.

Langostinos en gabardina

Ingredientes:
500 gramos de langostinos
1 botellín de cerveza
Sal
Azafrán en polvo
Harina
Aceite de oliva

Elaborada
Exquisita

1. Pelar los langostinos en crudo, dejándoles las cáscaras de las colas y retirando las cabezas.

2. Verter la cerveza en un cuenco profundo, agregar sal y el azafán en polvo y mezclar todo bien. A continuación, agregar la harina poco a poco y sin dejar de remover, seguir hasta que se una todo bien y forme una masa homogénea y sin grumos.

3. Continuar removiendo la masa y seguir añadiendo harina poco a poco hasta obtener una papilla bien ligada y algo espesa, de modo que al meter las colas de los langostinos, la pasta quede bien adherida formando una capa uniforme alrededor.

4. Calentar abundante aceite en una sartén profunda e ir pasando los langostinos, primero por la pasta de harina para meterlos a continuación en la sartén con el aceite caliente. Freirlos en grupos de 4 en 4 o de 5 en 5.

5. Finalmente, escurrir los langostinos sobre papel absorbente y servirlos bien calientes.

Caracoles

Ingredientes:
500 gramos de caracoles
80 gramos de jamón serrano, con su tocino
200 gramos de tomate natural triturado
2 pimientos choriceros
1/2 guindilla
1 cebolla pequeña picada
1 vaso de vino blanco seco
1 hoja de laurel
5 cucharadas de aceite de oliva
1 pimiento morrón
Sal

Refinada
Para invitados

1. Limpiar bien los caracoles por el método habitual y ponerlos al fuego en una olla con abundante agua fría. Añadir sal, el laurel y el vino, y dejar cocer 1 1/2 o 2 horas. Espumar 3 o 4 veces.

2. Mientras se cuecen los caracoles, remojar los pimientos choriceros, abrirlos y extraerles la pulpa. Calentar el aceite en una sartén al fuego y rehogar la cebolla, el tomate y la pulpa de los pimientos choriceros.

3. Cuando esté todo a medio freir, incorporar el jamón y seguir friendo hasta que pierda el agua y se quede en el aceite.

4. Colar los caracoles y agregarlos a la sartén junto con la guindilla. Tapar y cocer 40 minutos a fuego muy lento.

Sugerencia

Para limpiar los caracoles, se introducen en un saco de salvado, durante varios días, sin ningún tipo de comida, para que vayan expulsando las babas que tienen.
Posteriormente hay que lavarlos varias veces en agua con sal para acabar de limpiarlos.
Esta receta de caracoles está mejor de un día para otro

En la parte superior: Langostinos en gabardina
En la parte inferior: Caracoles

Tapas de bacalao al ajo

Ingredientes:

150 gramos de bacalao de la parte del lomo, desalado

1 huevo

1 diente de ajo grande

1 1/2 tazas de aceite de oliva

1 cucharadita de vinagre

1/2 barra de pan

Sal

Perejil

Fácil

1. Pelar y picar muy finamente el diente de ajo y ponerlo en el vaso de la batidora junto con el huevo, el aceite, el vinagre y la sal. Batir todoo bien y sin parar hasta obtener una mayonesa espesa.

2. Poner el bacalao en trozos dentro de un cazo lleno de agua, acercarlo al fuego y dejarlo cocer durante uno o dos minutos contando desde que comience el hervor. Sacar el bacalao, escurrirlo y separarlo en lascas, quitándole la piel y las espinas.

3. Cortar el pan en rebanadas no muy gruesas y tostarlas ligeramente; untarlas por un lado con una buena capa de mayonesa.

4. Colocar las tostadas en una placa y llevarlas al horno con el grill encendido hasta que se doren.

5. Servir las tostadas calientes con las lascas de bacalao en la superficie y espolvoreadas con el perejil picado.

Aros de verduras rebozadas

Ingredientes:

2 cebollas medianas

2 pimientos verdes medianos

2 tomates medianos

1 vaso de leche

1 huevo

Harina

Aceite de oliva

Sal

Fácil
Rápida

1. Pelar las cebollas y cortarlas en aros finos, colocándolos a continuación en un cuenco lo bastante profundo. Lavar y secar los pimientos, quitándoles las semillas y las partes blancas interiores, y cortarlos en aros finos, uniéndolos a las cebollas.

2. Cubrir las cebollas y los pimientos con la leche y dejarlos reposar durante una hora para que pierdan el amargor.

3. Mientras tanto, lavar los tomates, secarlos y cortarlos igualmente en aros finos, desechando la parte central con las semillas y las partes más duras.

4. Escurrir los aros de cebolla y pimiento y secarlos ligeramente.

5. Sazonar los aros de las cebollas, los pimientos y los tomates con sal, pasarlos por harina primero y por huevo batido después y freirlos en abundante aceite bien caliente. Escurrir bien sobre un papel de cocina y servirlos enseguida.

En la parte superior: Tapas de bacalao al ajo
En la parte inferior: Aros de verdura rebozados

Albondiguillas con salsa

Ingredientes:
300 gramos de carne de cerdo picada
1 huevo
Perejil picado
2 cucharadas de miga de pan
Sal y pimienta molida
Harina
Aceite de oliva
Para la salsa:
1 taza de tomate frito
3 cucharadas de salsa ketchup
1 cucharada de mostaza
Unas gotas de salsa de Tabasco
Orégano
Perejil

Elaborada

1. Batir bien el huevo en un cuenco y agregar la carne picada, el perejil picado muy fino, las dos cucharadas de miga de pan, sal, pimienta y mezclar todo bien.

2. A continuación, formar las albondiguillas, más bien pequeñas, enharinarlas y freírlas con el aceite no demasiado caliente; sacarlas y dejarlas escurrir sobre papel absorbente.

3. Seguidamente, poner el tomate frito en un cuenco y agregarle el ketchup, la mostaza, la salsa de Tabasco, el orégano y el perejil. Mezclar todo bien.

4. Echar la salsa en un cuenco y verterla en el centro de un plato; rodear con las albondiguillas y servir calientes.

Nota

Pídale a su carnicero que le pique la pieza de carne que ha escogido en el mismo momento de comprarla, es la única garantía de que compra carne picada realmente fresca y del tipo que desea.

Caprichos de Cabrales

Ingredientes:
100 g de queso de Cabrales o de otro queso azul
2 cucharadas de harina
1/2 litro de leche
Sal
2 cucharadas de mantequilla
1 huevo
Pan rallado
Aceite de oliva

Fácil
Exquisita

1. Poner en el vaso de la batidora la leche y el queso; batir hasta que el queso se mezcle bien con la leche y forme una pasta homogénea.

2. Derretir la mantequilla en una sartén puesta al fuego, añadir la harina, dar unas vueltas e incorporar la mezcla de la leche y el queso sin dejar de remover con una cuchara de madera.

3. Cocinar todo a fuego bajo moviendo sin parar hasta que espese, lo que tardará unos 10 minutos. Verter la mezcla en una fuente y dejar enfriar.

4. Cuando la pasta esté fría, cortar unos triángulos de ella, pasarlos por el huevo batido primero y por el pan rallado después y freírlos en abundante aceite bien caliente. Escurrir los triángulos de queso sobre un papel absorbente y servirlos enseguida.

En la parte superior: Albondiguillas en salsa
En la parte inferior: Caprichos de Cabrales

Alcachofas rellenas

Ingredientes:
12 corazones de alcachofas pequeñas, cocidos o en conserva
200 g de gambas
1/2 taza de mayonesa
Alcaparras
Pimiento morrón

Fácil

1. Cocer las gambas 1/2 minuto, colarlas, pelarlas y picarlas.

2. Mezclar en un cuenco las gambas con la mayonesa y rellenar los corazones de alcachofas, abriéndolos un poco.

3. Adornar con las alcaparras y el pimiento y colocar junto a los palmitos.

Dátiles rellenos

Ingredientes:
12 dátiles
1 latita de foiegrás

Refinada

1. Abrir los dátiles con un corte longitudinal y extraerles los huesos.

2. Colocar el foiegrás en una manga y rellenar los dátiles, colocándolos a continuación en la fuente con los palmitos y las alcachofas

Cazuelitas de morteruelo

Ingredientes:
250 gramos de hígado de cerdo
250 gramos de lomo de cerdo
1/4 de gallina
1/4 de conejo o de liebre
3 dientes de ajo
1/4 de litro de caldo
1/2 cucharadita de alcaravea
1 cucharada de pimentón
5 nueces peladas
5 granos de pimienta negra
2 clavos de olr
1/2 cucharadita de canela en polvo
Sal
4 cucharadas de aceite de oliva
1 taza de pan rallado

Elaborada

1. Poner una olla amplia con agua y sal al fuego y añadir las carnes, dejando cocer a fuego suave 2 o 3 horas, hasta que estén muy tiernas.

2. A continuación, se sacan las carnes, se deshuesan y se desmenuzan. Reservar medio litro del caldo de cocción.

3. Seguidamente, calentar el aceite ne una cazuela y freir los ajos hasta que se doren; añadir el pimentón y las especias, remover un poco y regar con el caldo, dejando hervir unos minutos.

4. Finalmente, pasar el contenido de la cazuela, las carnes, las nueces y el pan ligeramente por la batidora y servir en cazuelitas de barro.

Bocados de palmito

Ingredientes:
3 palmitos
1 latita de anchoas
1 tomate picado, o varios tomatitos cereza
6 aceitunas negras

Refinada

1. Trocear los palmitos, rodear cada uno con una anchoa y sujetarla con un palillo.

2. Colocar un trocito de tomate y una aceituna negra y colocarlos en una fuente de servir.

En la parte superior: Alcahofas rellenas, dátiles rellenos y bocados de p almitos
En la parte inferior: Cazuelitas de morteruelo

Tapa catalana

Ingredientes:
12 rebanadas de pan medianas
2 tomates grandes maduros
150 g de jamón serrano, cortado en lonchas finas
Aceite de oliva
Sal

Fácil
Exquisita

1. Tostar un poco las rebanadas de pan en el gratinador del horno o en un tostador, o dejarlas sin tostar si se prefiere.

2. Cortar los tomates por la mitad y frotar la pulpa con cuidado por ambos lados de las rebanadas.

3. Sazonar el pan con un poco de sal y regar con aceite de oliva.

4. A continuación, trocear las lonchas de jamón y poner una sobre cada rebanada de pan.

Nota

El pan con tomate y jamón (*pa amb tomaquet i pernil*) es la tapa catalana por excelencia, y en todo el mundo se identifica a Cataluña con este delicioso aperitivo.

Picadillo con huevo

Ingredientes:
500 g de carne de cerdo picada
6 huevos
6 dientes de ajo con piel
1/2 cucharada de pimentón picante
2 cucharadas de pimentón dulce
5 cucharadas colmadas de aceite de oliva
Sal

Fácil

1. Hacer un corte a cada diente de ajo con un cuchillo bien afilado y asarlos a fuego fuerte sobre la plancha hasta que la piel se queme. Pelarlos y machacarlos en un mortero con un poco de sal.

2. A continuación, poner la carne en un cuenco y agregarle los ajos machacados junto con el pimentón dulce y el picante. Mezclar todo muy bien amasando con las manos hasta que se forme una masa homogénea y dejarlo reposar en el frigorífico de 8 a 10 horas como mínimo, o preferentemente durante toda la noche.

3. Calentar el aceite en una sartén grande y freir, no demasiado, la carne desmenuzándola bien.

4. Mientras la carne picada se esté acabando de hacer, engrasar una plancha o una sartén antiadherente y freir los huevos. Servir el picadillo en platitos individuales con un huevo en cada uno.

Nota

Para que el picadillo resulte más sabroso, se puede añadir a la carne picada, además de los dos tipos de pimentón, otras hierbas aromáticas, al gusto, picadas finamente y un poco de vino blanco para darle más sabor.

En la parte superior: Tapa catalana
En la parte inferior: Picadillo con huevo

ÍNDICE

Coordinación Editorial:
Ángeles Llamazares Álvarez

Diagramación:
Jorge Garrán Marey
Carmen García Rodríguez

Diseño de cubiertas:
Alfredo Anievas

No está permitida la reproducción total o parcial de este libro, ni su tratamiento informático, ni la transmisión de ninguna forma o por cualquier medio, ya sea electrónico, mecánico, por fotocopia, por registro u otros métodos, sin el permiso previo y por escrito de los titulares del *Copyright*.
Reservados todos los derechos, incluido el derecho de venta, alquiler, préstamo o cualquier otra forma de cesión del uso del ejemplar.

TERCERA EDICIÓN,
segunda reedición, 2002

© EDITORIAL EVEREST, S. A.
www.everest.es
Carretera León-La Coruña,
km 5 - LEÓN
ISBN: 84-241-2371-9
Depósito Legal: LE: 1681-2000
Printed in Spain - Impreso en España

EDITORIAL EVERGRÁFICAS, S. L.
Carretera León-La Coruña km 5
LEÓN (ESPAÑA)

Itos Vazquez

Tiene en su haber más de sesenta libros de cocina y colabora habitualmente en la sección culinaria de las principales revistas del país. Nacida en Jerez de la Frontera, está casada y tiene dos hijos. Se ha dedicado durante los últimos veinte años a la investigación y práctica de los más diversos aspectos de la cocina. En este libro ha reunido y realizado todas las recetas que se presentan y ha dirigido estilísticamente la realización de todas las fotografías que lo ilustran.

Fernando Ramajo

Este extremeño de pro, lleva más de veinticinco años dedicado a la fotografía y al mundo de la imagen en general, tanto en el campo publicitario como en el editorial. Está reconocido como uno de los profesionales más destacados de la fotografía sobre temas culinarios, y dirige uno de los más afamados estudios del país.